I0817231

Todo sobre
las medusas
Katie Gillespie
EYEDISCOVER

Ve a **www.eyediscover.com** e ingresa el código único de este libro.

CÓDIGO DEL LIBRO

AVQ49746

EYEDISCOVER te trae libros mejorados por multimedia que apoyan el aprendizaje activo.

Published by AV² by Weigl
350 5th Avenue, 59th Floor New York, NY 10118
Website: www.eyediscover.com

Library of Congress Control Number: 2018942791

ISBN 978-1-4896-8197-3 (hardcover)

Printed in the United States of America
in Brainerd, Minnesota
1 2 3 4 5 6 7 8 9 0 22 21 20 19 18

052018
011618

English Editor: Katie Gillespie
Spanish Editor: Ana María Vidal
Designer: Mandy Christiansen
Spanish/English Translator: Translation Services USA

Weigl acknowledges Getty Images, Alamy, and Shutterstock as the primary image suppliers for this title.

EYEDISCOVER proporciona contenido enriquecido, optimizado para el uso en tabletas, que complementa este libro. Los libros de EYEDISCOVER se esfuerzan por crear un aprendizaje inspirado e involucrar a las mentes jóvenes en una experiencia de aprendizaje total.

Mira
El contenido de video da vida a cada página.

Navega
Las miniaturas simplifican la navegación.

Lee
Sigue el texto en la pantalla.

Escucha
Escucha cada página leída en voz alta.

Tu EYEDISCOVER con Seguimiento de Lectura Óptico cobra vida con...

Audio
Escucha todo el libro leído en voz alta.

Video
Los videos de alta resolución convierten cada hoja en un seguimiento de lectura óptico.

OPTIMIZADO PARA

- ✓ TABLETAS
- ✓ PIZARRAS ELECTRÓNICAS
- ✓ COMPUTADORES
- ✓ ¡Y MUCHO MÁS!

Todo sobre las medusas

En este libro, aprenderás sobre

- cómo se ven
- dónde viven
- qué comen

¡y mucho más!

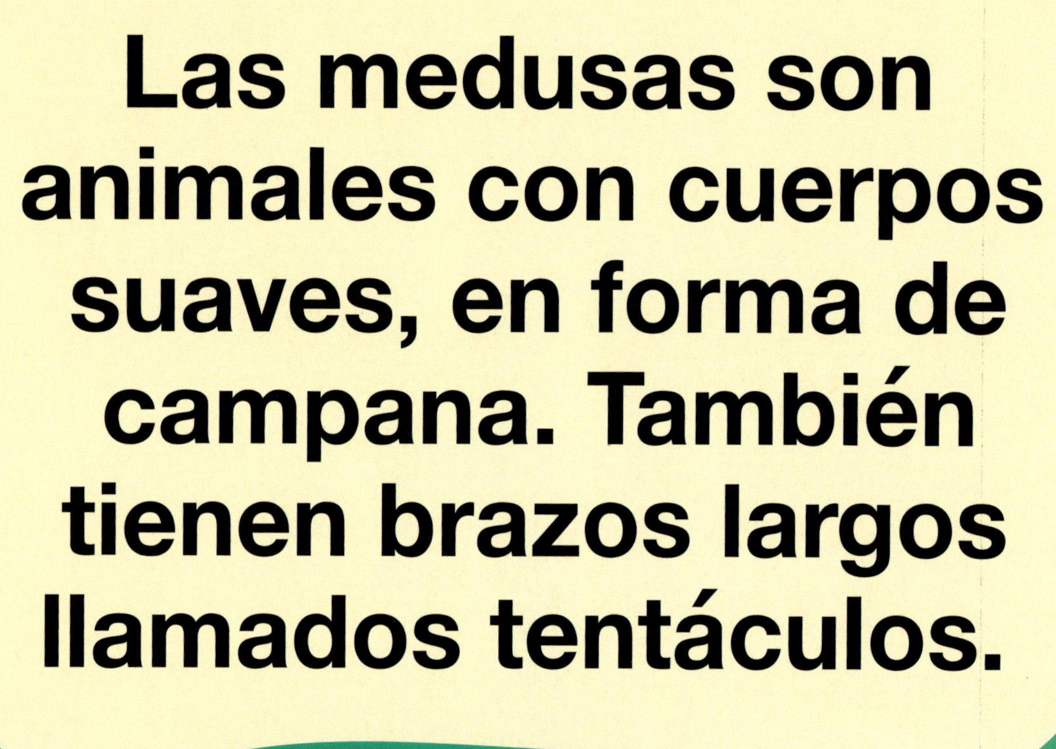

Las medusas son animales con cuerpos suaves, en forma de campana. También tienen brazos largos llamados tentáculos.

6

Las medusas viven en todos los océanos de la tierra.

Hay alrededor de 200 tipos diferentes de medusas. Las hay en muchos tamaños y colores.

La primera medusa vivió en la tierra antes que los dinosaurios.

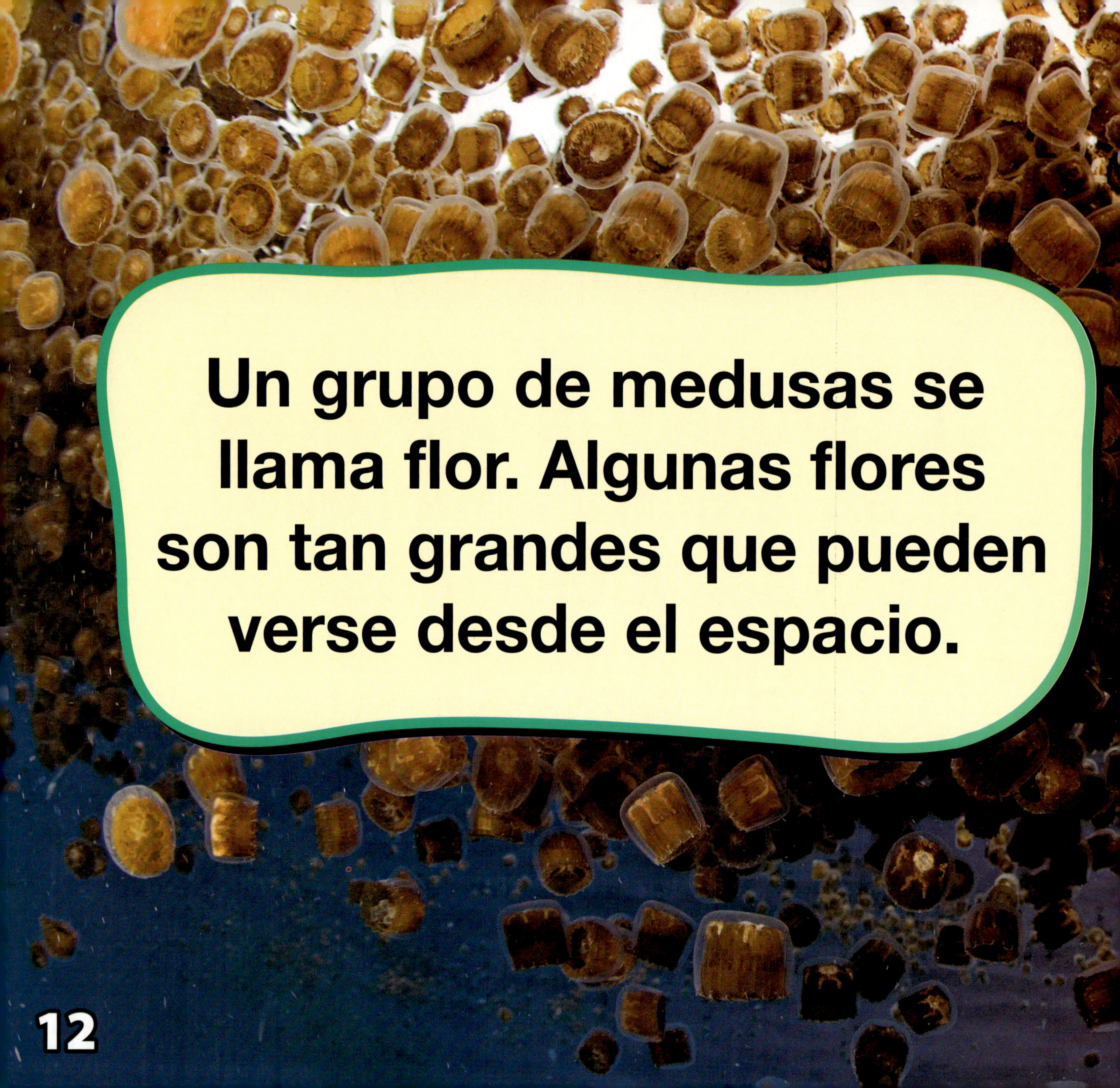

Un grupo de medusas se llama flor. Algunas flores son tan grandes que pueden verse desde el espacio.

13

Las medusas no tienen pulmones ni agallas. Ellas respiran a través de su piel.

Algunas medusas pueden brillar en la oscuridad. Esto las ayuda a mantenerse a salvo de tiburones y tortugas.

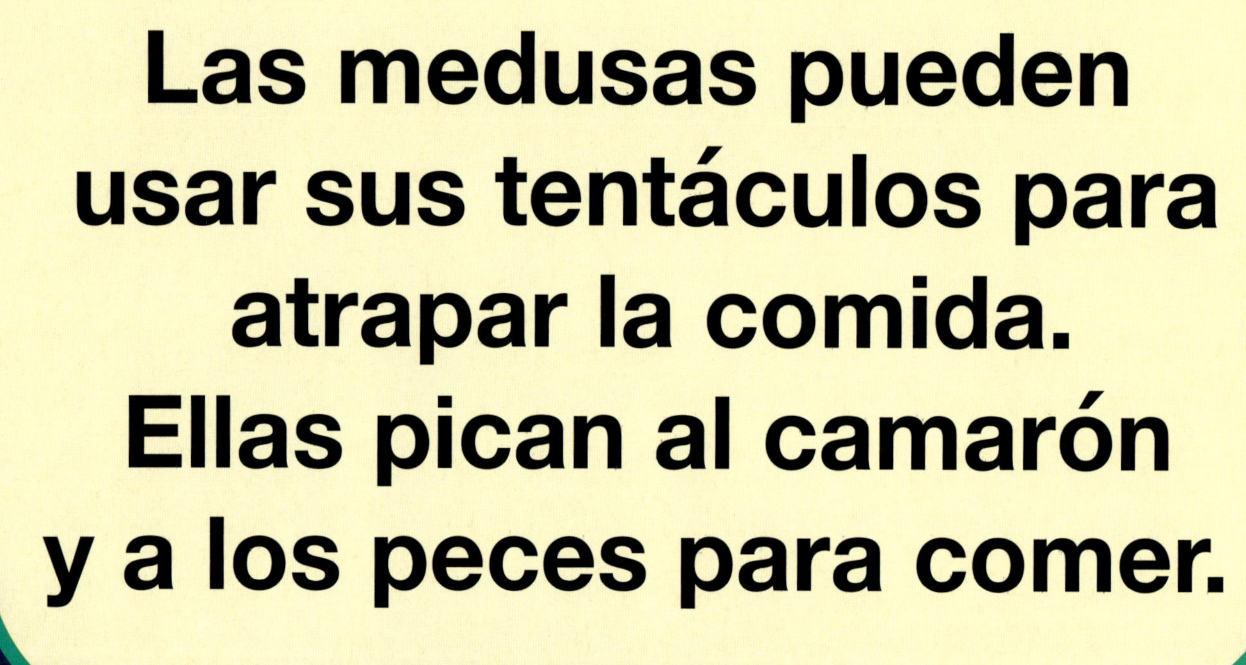

Las medusas pueden usar sus tentáculos para atrapar la comida. Ellas pican al camarón y a los peces para comer.

Los nadadores deben tener cuidado en el océano. A veces las medusas pican a la gente en lugar de la comida.

MEDUSAS
EN NÚMEROS

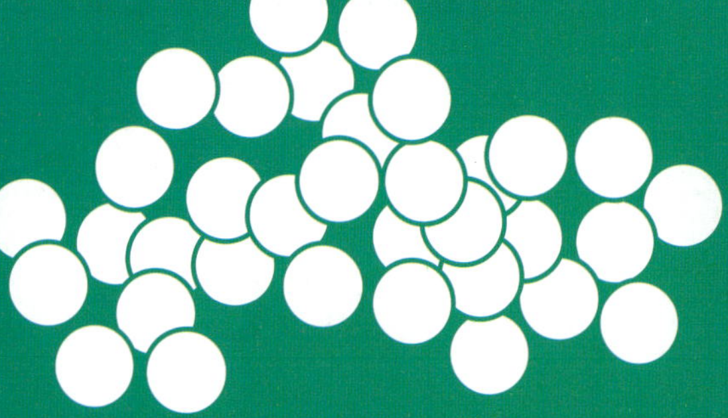

Algunas medusas ponen hasta **10.000** huevos en **un solo día**.

Las medusas **no** son realmente peces, ya que no tienen **agallas**.

Algunas medusas sólo viven **unas pocas horas**.

Algunas medusas son **más largas** que **ballenas azules,** los mamíferos **más grandes** sobre la tierra.

El cuerpo de una medusa tiene **tres capas**.

Una medusa **no tiene**

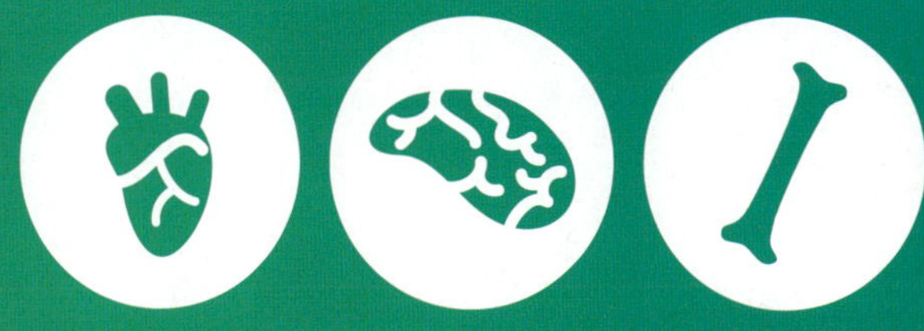

corazón, **cerebro**, ni **huesos**.

Las medusas están hechas de 95% a 98% de agua.

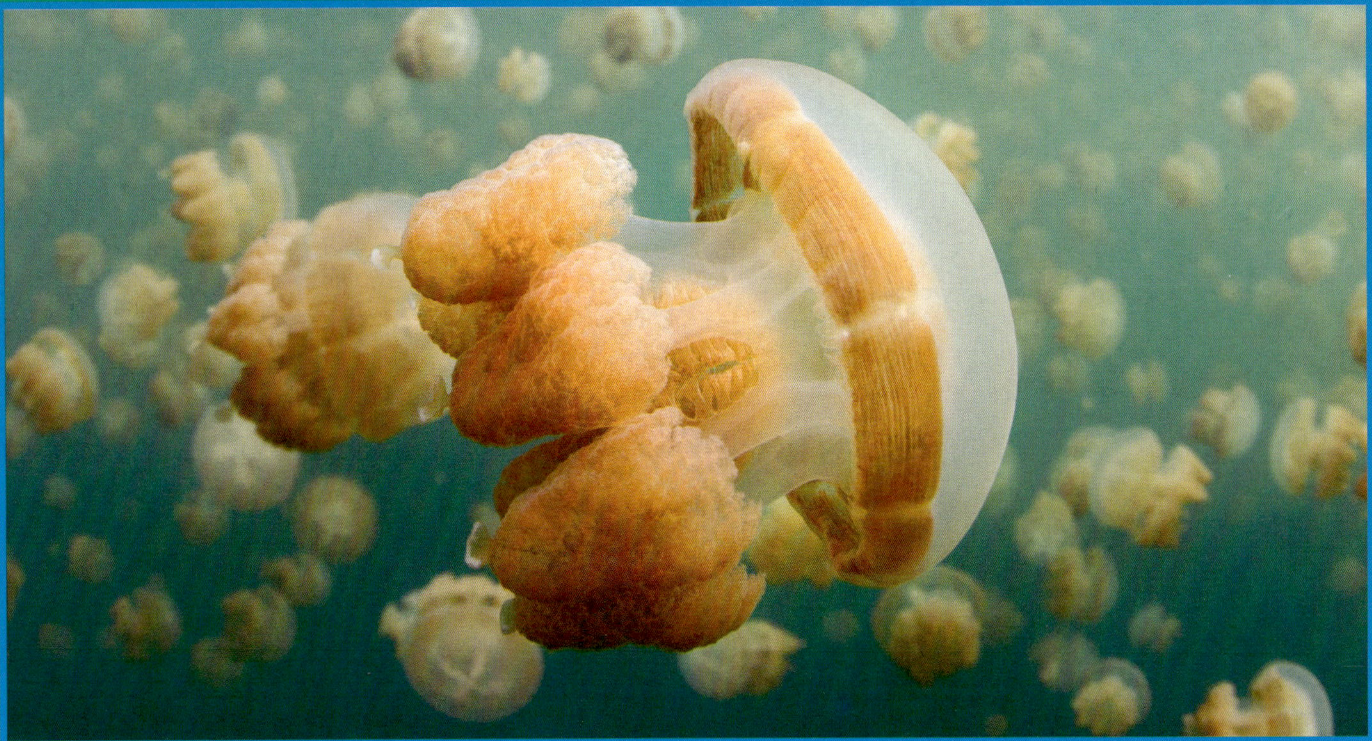

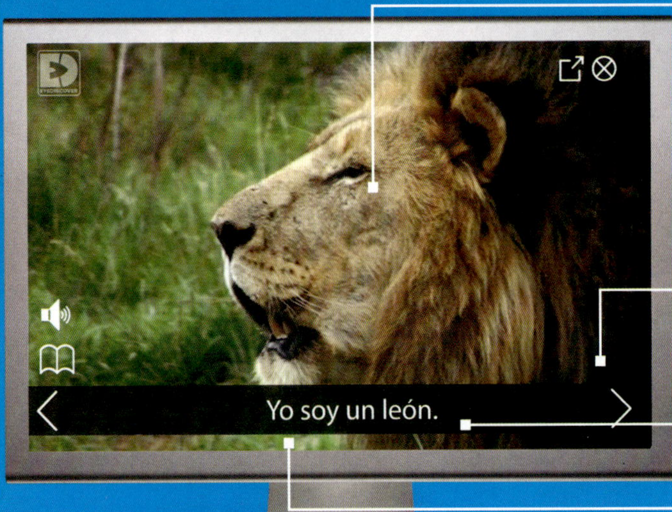

Mira
El contenido de video da vida a cada página.

Navega
Las miniaturas simplifican la navegación.

Lee
Sigue el texto en la pantalla.

Escucha
Escucha cada página leída en voz alta.

Ve a www.eyediscover.com e ingresa el código único de este libro.

CÓDIGO DEL LIBRO

AVQ49746